가시 많은 생이 맛있다

시작시인선 0509 가시 많은 생이 맛있다

1판 1쇄 펴낸날 2024년 9월 27일
지은이 임경숙
발행처 (재)공주문화관광재단
펴낸이 이재무
기획위원 김춘식, 유성호, 이형권, 임지연, 차성환, 홍용희
책임편집 박예솔
편집디자인 민성돈, 김지웅, 정영아
펴낸곳 (주)천년의시작
등록번호 제301-2012-033호
등록일자 2006년 1월 10일
주소 (03132) 서울시 종로구 삼일대로32길 36 운현신화타워 502호
전화 02-723-8668
팩스 02-723-8630
블로그 blog.naver.com/poemsijak
이메일 poemsijak@hanmail.net

ⓒ임경숙, 2024, printed in Seoul, Korea

ISBN 978-89-6021-779-9 04810
    978-89-6021-069-1 04810(세트)

값 11,000원

*이 책 내용의 전부 또는 일부를 재사용하려면 반드시 저작권자와 (주)천년의시작 양측의 동의를 받아야 합니다.
*잘못된 책은 바꾸어 드립니다.
*지은이와 협의하에 인지는 생략합니다.
*본 도서는 (재)공주문화관광재단(대표이사: 김지광) 사업비로 제작되었으며, 「2024 공주 올해의 문학인」 선정 작품집입니다.

가시 많은 생이 맛있다

임경숙

시인의 말

가시 많은 꽃이 향기가 진하듯

가시 많은 나무가 몸에 이롭듯

가시 많은 생명이 맛이 있다

가시가 뜨거워진다

2024년 하지 즈음에
임경숙

차례

시인의 말

제1부

봄의 좌판 ——— 13
가시 많은 생 ——— 14
악몽 ——— 15
중동 골목 147 ——— 16
알집 ——— 18
이별 공식 ——— 19
성에꽃 ——— 20
공심채 ——— 22
금어기 ——— 24
마음의 부채 장부 ——— 25
인생지도 ——— 26
물 상여 ——— 27
낭만 한 다발 ——— 28
가족사진 ——— 29
오월, 장미 ——— 30
선을 지키다 ——— 32
겨울나기 ——— 33
날다람쥐 ——— 34
난간 ——— 36
무인도 ——— 38
명사십리 ——— 39

제2부

격렬비열도 ──── 43
그 여자의 로또 ──── 44
가윗밥 ──── 46
휘파람새 ──── 47
이제서야 ──── 48
인생은 표지판이 없다 ──── 50
서리꽃 ──── 51
빈말이라도 ──── 52
구름계란덮밥 ──── 53
안개 상습 지역 ──── 54
날을 세우다 ──── 55
결빙 구간 ──── 56
낙석 ──── 57
늦가을 남천 ──── 58
얼룩 ──── 59
절개지 ──── 60
여자들의 수다 ──── 61
대백제전, 야경을 걷다 ──── 62
공평 ──── 64
부레옥잠 ──── 65
봄 강 ──── 66

제3부

꽃의 초대 ──── 69

서랍의 증식 ──── 70

환기, 블루 ──── 71

공곶이 수선화 ──── 72

눈 발자국 ──── 73

산수유 그늘 아래에서 ──── 74

깃털 ──── 75

고목에 핀 꽃 ──── 76

꽃샘바람 ──── 77

노부 ──── 78

밥상 ──── 80

역풍 ──── 82

시절 인연 ──── 83

절망이 희망에게 ──── 84

꽃잎 입술 ──── 86

노인 보호 지역 ──── 88

폐문 ──── 90

퇴소 ──── 91

할미꽃 ──── 92

그늘의 힘 ──── 93

지나고 보면 ──── 94

제4부

이산의 상처 ——— 97
이 나이에 ——— 98
마음 뒤집기 ——— 100
꾀꼬리를 찾아서 ——— 102
꽃이 진 뒤에는 ——— 103
창벽 ——— 104
질경이 ——— 106
피어라, 봄날 ——— 107
1953년 거제도 ——— 108
코로나 후유증 ——— 110
외면 ——— 112
인생 인터뷰 ——— 114
가지치기 ——— 116
고비사막 ——— 117
찔레꽃 핀 언덕 ——— 118
과잉 시대 ——— 120
양심 ——— 122
솔직한 말 ——— 123
사어 ——— 124

해 설

방승호 가시-언어 ——— 126

제1부

봄의 좌판

사람이 그리워 장에 간다

어깨를 맞대고 걸어가는 사이로
진하게 풍기는 사람 냄새 맡으며
정겨운 장날 속으로 들어서면

봄볕에 쪼그리고 앉아 그을리며
까맣게 늙어 간 손으로
산과 들을 뜯어다가
닷새마다 문을 여는 봄나물 전시회

그 언덕배기와 골짜기
그 밭도랑과 개울가
올봄에도 두루두루 무고한지
절기가 바뀌어 가는 기적을
가장 먼저 보여 주는 읍내 장터

땅두릅 캐 오던 가교리 언니
가시가 여물기 전 찔레 순 따 오던 태봉 할매
고추전 골목에 한 자락 자리 잡고
올봄에도 어김없이 좌판을 펼쳐 놓는다

가시 많은 생

도마 위에 준치 몇 마리
어머니 칼질 소리가 칼칼하다

검푸른 살 속에 무수히 박힌 가시가
납작하게 혼절해 가는 동안
살이 많은 물고기도 많은데
하필이면 가시투성이를 골랐을까

물속을 헤엄쳐 다닐 때
찔려도 찔린 줄 몰랐던 가시들
썩어도 준치는 찬란한 맛이었다

잔가시마저 촘촘히 다져진
말캉말캉한 준치완자탕
목에 걸리는 게 없이 부드럽다

뜨거운 완자 몇 알 삼키다가
맛있는 생이 되기 위해서는
얼마나 많은 가시가 박혀야 할까

내가 삼킨 가시는 몇 줌이나 될까

악몽

한 사내 입에서 나온 토네이도
반경을 넓혀 가는 회오리, 소용돌이친다

직원회의에 오 분 늦었다는 이유로
사원은 자라목처럼 움츠러들고
형광등 불빛 아래 놓인 백 개의 눈동자
보이지 않는 시선 줄이 당겨진다

공중을 후려치는 고성이 영혼을 후빌 때
발가벗긴 그녀, 적나라하다
첫차를 놓치고 애간장 녹인 시간은
구겨진 휴지처럼 한없이 줄어들다가
그녀가 되고 싶었던 꿈조차 희미해진다

환갑을 넘기는 고갯마루까지
장기 할부금처럼 따라온 악몽
스물셋 그녀가 아직도 식은땀을 흘린다

중동 골목 147

지나간 시절을 되돌리기 위해서는 흑백 사진이 필요해요
얼굴 가득 잡힌 주름이 표정에 금을 긋고 볼록렌즈로 부풀리면
골목 안 각질이 포슬포슬 가루로 떨어져요
올록볼록 쓰여진 점자책처럼 망가진 보도블록 깔린 길에 접어들면
그 옛날 시골 버스에 욱여넣던 후미진 냄새가 후욱 끼쳐 오고요
쌍화차 약초 냄새 우려지던 황금다방 마담의 눈빛이
나른한 밤의 눈동자처럼 뜬금없이 생각나기도 하고요
봉황산 산그림자가 길어질 무렵이면
밤을 한껏 치장한 술집들이 슬그머니 손을 내밀어
하루를 작파한 사내들 발목을 끌어당기기도 하지요
양은 대접에 따른 막걸리를 새끼손가락으로 휘휘 젓다가
육자배기 가락에 흥을 섞으면 절로 따라붙는 타령들
사람이 살면은 몇백 년이나 살더란 말이냐
담뱃진 냄새가 진하게 밴 여관으로 잠이 파리 틀면
머리맡 베개는 가장자리마다 흥건한 별들이 흘러가고요
유랑하는 트렁크를 열어 밤의 열차를 통째로 집어넣다가
깨진 유리창 너머 후드득거리는 빗방울에

어젯밤 파노라마가 총천연색으로 되감기기도 하지요
엊그제까지 북적이던 골목이 이제는 지나간 흔적을 지우고
가로등만 우두커니 제 그림자만 내려다보고 있어요
천사의 나팔꽃이 고개를 푸욱 숙인 골목 안에는
한낮에도 셔터가 내려진 문구점 신발 가게 옷 가게 레코
드 가게가
폐업 현수막을 올리고 빨간 매직펜 고별 정리로 저물어 가요
해 질 녘 열여덟 살이 살금살금 걸어가던 골목길
지문이 흐려진 손바닥으로 만지작만지작, 더듬어 보는

알집

흰자와 노른자

고집과 아집의 집 한 채

화석처럼 굳어진 틀도

가장 작은 흠집에

한 생이 왕창 깨질 때가 있다

이별 공식

서로의 목에다

칼끝을 겨눈다

찔러 버릴 거야

찔러 봐

헤어지는 장면에는

바짝 날이 서 있다

서툰 남자

서툰 여자

서툰 사랑

서툰 이별

성에꽃

뼈가 시리다

절로 새어 나오는 한숨 소리
직립을 지주 삼아 버텨 오던 삶도
어느 순간 굽어졌는지
몸에 남은 건 곡선뿐이다

바람 부는 날이거나
구름이 무거워진 날에는
목숨도 마음대로 되지 않는다고

밤새 쑤셔 대는 뼈들이
덜그럭거리는 소동에
아침은 왜 그렇게 멀리 있는지

지팡이와 보행 보조기에 이끌려
더듬더듬 짚어 가는
누런 벽지 위 낡아 가는 달력들

이웃이 떠나 버린 빈 동네

천 씨 아저씨 삐걱대는 침대맡엔
지난밤 기침 소리 수북하다
금이 간 창문엔 성에꽃 한창이다

공심채

베트남 여인, 예쁜이 린이
장터에 공심채 한 자루 부려 놓고
옆자리에 연년생 아이 셋도 앉혀 놓고
사는 게 뭐라고
새벽부터 잠 설치며 장에 나와
거품 꺼지듯 하품을 연거푸 터트린다

나이를 곱절 먹었어도
심을 때와 거둘 때를 모르는
아직도 한밤중인 남편을 생각하면
가슴에 천불이 난다
꿈속에 파랑새를 찾아 헤매는지
커다란 입술은 헤벌어진 채
이 산 저 산 산중 유람 중이다

아이 셋 더불어 남편까지
머리에 이고 등에 지고서
멀리 벌어진 생의 징검다리
세찬 물살에 쓸려 가지 않고
강의 저편까지 건너갈 수 있을까

\>
고향이 몹시도 그립지만
딸린 식솔 의지할 배경이 아니어서
나무꾼의 선녀처럼 풀쩍 뛰어올라
상제님 찾아가 하소연이라도 해 볼까

해가 뜨자마자 지레 시들어 가는 아침
린은 공심채 위아래를 뒤집어 놓고
속이 뒤집히지 않게 속 빈 공심채처럼
속을 비워 가며 천진하게 웃고 있다

금어기

그물 속 온갖 잡어들
무거워서 들어 올릴 수 없다
시의 월척을 낚기 위해서
성근 그물을 짜야겠다

무지개 혼인색이 또렷해지고
꼬리지느러미에 힘이 붙을 때까지
배가 불룩해 산통에
더 이상 견딜 수 없을 때까지

바람이 수근거려도 파도가 술렁거려도
지그시 참았다가 목숨 내쉬듯
뭍으로 때를 맞춰 건져 올리는
똘똘한 시어 한 마리 낚고 싶다

마음의 부채 장부

긴긴 겨울밤
원로 작가님께서 동지 팥죽 속
뜨끈한 새알심을 보내 주셨다

평생 글 밭을 일구며
가꿔 온 알토란
남이 볼세라 지그시 쥐어 주신다

세상은 바람 사나운 빙하기
흩날리는 말은 얼음 꼬챙이
서로가 찔리며 비명을 지른다

내 말이 너를 할퀴고
네 말이 나를 베어 내
승자도 패자도 없는 만신창이

마음 장부에 써 두었던
내 영혼의 온기
오늘따라 더 훈훈하게 전해진다

인생지도

인생길에도 등고선이 그어져 있다

익숙한 길에는 느긋하지만
낯선 길에는 단단히 긴장한다

처음으로 접어드는 곳에는
잘 읽히지 않는 추상화가 걸려 있고
한 걸음 디딜 때마다 두려움이 밟히지만
어차피 사람의 길에는 통하는 길이 있어
더러는 주춤거릴지라도 물어물어
가야 할 길은 끝까지 가 보는 것이다

등고선 간격이 좁을수록
길은 가파름으로 이어지지만
산봉우리 꿈꾸는 걸음으로
길 잃은 깊은 골짜기에서는
때때로 숨소리를 다듬곤 했다

물 상여

강둑을 넘어선 물살이 사납다

어디서 요령 소리 울리는지

불어난 강물이 운구하는 나무 한 그루

뿌리부터 잎새까지 처음으로 누워 보는 온전한 안식이다

앞소리꾼 상엿소리 여덟 상두꾼이 뒤따르는

폭우 속에 수장된 새끼 고라니

장례 행렬을 뒤따른다

강물이 울먹거린다

넘실대는 물굽이 만장의 깃발을 치켜든다

낭만 한 다발

꽃보다 환한 아내 웃음 기대하면서
생일날 나이 숫자만큼 건네주던, 물씬
빨간 향기 배어나는 장미 한 다발

생계조차 어려웠던 그 시절
장미 한 다발은 배추 스무 포기
웃음 대신 되돌아온 야박한 타박에
그 남자 상한 마음 오래갔네

다시는 꽃을 주지 않겠다고
꽃 같은 마음도 먹지 않겠다고
이제 꽃다발은 다른 사람 몫이라고

세월이 지나고 보니
뭉개 버린 마음도 안쓰러워
예순다섯 생일 아침
등 뒤에 숨긴 장미 한 다발
넌지시 건네주는 그 남자 속마음

가족사진

가파른 축대 위 돌 틈으로
민들레꽃 일가를 이루고 있다

가까스로 터 잡은 쇤 민들레
기력을 다했는지 이가 빠지고
흰 머리카락 풀풀 날린다

엊그제 피었다 진 아들 내외
시든 기색 역력해지고
이제 막 피어난 손자 부부
품 안에 든 증손녀 얼굴
샛노란 꽃봉오리 앙증맞다

여기 보세요
자, 찍습니다 하나 둘 셋

지나가던 산들바람
한 컷 꾸욱 눌러 준다

오월, 장미

최루탄 가스에 눈물 콧물 범벅으로
달아나던 길 끝에 마주쳤던 수녀원
막다른 담장이 가로막고 있었다

세상은 더없이 소란한데
담장 너머에는 깊은 묵상 중
앞을 가리는 벽 하나를 사이에 두고
스무 살의 용광로는 들끓고 있었다

세상을 품을까
세상을 버릴까

세상을 안을수록 신이 멀어지고
세상을 등질수록 신이 다가서는 날들
이념의 안팎을 숨가쁘게 넘나들었다

가시철망 비집고 넘어온 덩굴장미
농익은 향기는 무너지듯 아찔한데
그녀는 무엇 때문에 이토록 숨이 막힐까

\>

지나가는 바람이 적막을 깨고
꽃잎 한 장 나선을 그으며
이마 위에 화르르, 내려앉았다

선을 지키다

목줄에서 풀려난 푸들이
길을 가로질러 가고 있다

급한 건 너희들이지
서두를 것 없다는 듯
사람의 속도를 줄이고 있다

급하게 누른 경적에도
푸들은 소리 나는 방향에
눈길도 주지 않은 채
노란 금지선에 멈춰 선다

눈동자 깜박임도 없이
지켜야 할 선은 지킨다
선 넘는 짓은 하지 않는다
길이 선명해진다

겨울나기

창살에 서리서리 맺힌 고드름이
물구나무선 겨울을 선보이고 있다

물푸레나무들 웃옷을 모두 벗어
앙상한 갈비뼈만 만져지는 한기

얼어붙은 샛강을 건너는 재두루미
가느다란 발목이 시리다

송곳 같은 맹추위에 폐휴지 리어카를 끌고 가는
강 노인 두 날개가 잔뜩 웅크리고 있다

날다람쥐

소소리바람에 상수리 몇 알 떨어지기라도 하면
화들짝 놀란 다람쥐는 앞만 보고 달아나지요
아주 작은 소리에도 천둥 벼락인 줄 알고
심장이 철렁철렁 떨어져 내려요
저녁나절 삼계탕 주문한 단골손님에게
반가운 내색 보였다고 하던 일 내던지고
초저녁부터 냉장고 열어젖히며 참이슬을 만져요
뚝배기가 날아가고 접시가 나동그라져요
선풍기는 바닥에 누워 아등바등 발버둥을 치고요
언니는 불 옆에 붙어 있다가 냉골 같은 바람을 느껴요
한여름에도 어깻죽지가 시려 와요
이제 막 익막이 돋아나고 있어요
신발 한 짝 어디에서 벗겨졌는지 짝도 맞지 않은 맨발로
잽싸게 골목 안 나무 사이로 날아가요
꼬리라도 잡히면 온몸에 얼룩무늬 생기니까요
하룻밤이 지나면 흠집 많은 테이블에 백지 한 장 올려놓고
어제의 난리는 그냥 취중 실수였다고
다시는 손을 대지 않겠다고
칼자루 옆에 놓고 손목을 어떻게 하겠다고
열두 권쯤 쌓아 올린 각서 위에 또 한 장 보태지만

붉은빛에서 연두를 거친 노란 멍 자국은
절대 지워지지 않는 영구 문신처럼 또렷해요
언니는 예순이 넘었어도 뭉툭해지지 않아요
오늘도 그의 눈짓 손짓 발짓 몸짓 하나하나에
다람쥐의 날렵한 본능만이 팔딱팔딱 숨 쉬고 있어요

난간

산비탈에 터 잡은 오두막집 한 채
아들은 머지않아 자신이 떠난 후에도
구순을 넘긴 홀어머니 나들이할 때
행여라도 오가는 산길에 넘어질까
짧은 생 서둘러 난간을 만든다

너덜겅 돌길 위에
쇠 파이프 몇 개 박아 세우고
몸이 휘청거릴 때 붙잡을 수 있는
동아줄 같은 심정으로 줄을 잇는다

하루가 다르게 여위어 가는 노모에게
아들이 제일 믿을 만한 기둥이겠지만
그를 앞세운 길 뒤에서
노모는 길가에 세워진 아들의 마지막을
만지는 순간마다 마음이 먼저 떨어진다

아무리 무쇠로 만든 보호막이라도
아들 손때 묻은 줄 부여잡을지라도
날마다 가슴속 꽉 차게 자리 잡았던

산 하나가 무너지는 소리가 난다

피붙이 하나 없는 빈 가을날
붉은 단풍잎 자지러지고 있다

무인도

섬은
바닷물에 휘감겨
스스로 멀어진다

섬은
뭍에서 떨어져
스스로 유배된다

해풍이 몰아치는 날
뭇 파도에 시달리다가
혼자가 겹겹일 때
외로움이 뿔처럼 솟지만

섬은
처절한 혼자다
시나브로 가라앉지 않고
가슴과 등뼈 단 한 번 굽힘 없이

명사십리

해안선이 모서리를 지우고
중년을 넘어선 여인의 허리처럼
완만한 능선을 그리고 있다

차오르는 밀물의 힘으로
모난 돌을 굴리며 수없이 반복하는
생의 수레바퀴를 돌리는 수행인가

깎을 만큼 깎아 내고 꺾을 만큼 꺾어서
휘어질 줄 아는 저 곡선의 너울 자락
새들은 공중에서 물고기는 물속에서
사람은 길 위에서 휘어지듯

곡절이 굴곡으로 넘어가는 물살의 힘으로
애절한 사연 없는 이 없을지라도
둥그런 윤곽 하나 건지지 않았는가

제2부

격렬비열도

큰 파랑 몰고 온 바닷바람에
눈앞의 먹이를 번번이 놓친 괭이갈매기
유람선 꽁무니 쪽으로 밀려난다

상춘객이 던져 주는 새우깡에
습관적으로 날개를 펴고
유흥에 합석한 섬 나들이
흔들리는 배는 물고랑 사이로
봄바람에 만취한 듯 휘청휘청

봄철 내내 바람만 불다가
돌연 여름이 온다는 격열비열도 어디쯤
그녀는 지나온 바다를 열어 보았다

먹잇감은 늘 감질날 뿐
부스러기조차 입안에 넣어 보지 못한
그녀의 정직한 통장엔
새우깡 그림자만 어른거린다

그 여자의 로또

트럭을 몰던 남자가
다른 트럭의 뒤를 봐 주다가
어이없는 일이 생겼다

살아 있는 동안 술과 여색에 취해
어둠 속을 유영해 다니던 남자
그의 뒷모습은 참 아름다웠다
생애 처음으로 맞은 로또
거액의 보험금이 쏟아졌다

그 여자 자가용이 반짝거렸다
그 여자 명품 가방이 찬란했다
그 여자 젊은 애인이 찰랑거렸다

좋은 날은 갑작스레 찾아오고
나쁜 날은 더디게 가는 것인지
즐거운 날은 기막히게 짧고
슬픈 날은 한정 없이 길어지는지

어둠이 몰려오는 야식집 주방에서

물기가 마르지 않는 손가락마다
맹렬하게 분열하는 습진과 더불어
여자의 지루한 밤들이 느리게 지나간다

가윗밥

커트 손님 놓치지 않기 위해
빠른 손놀림에 제 살을 자른다
조금만 더, 조금만 더
가윗날이 조급증을 물어버렸다

핏물은 잠시 일회용 반창고에 맡기고
통증은 뒤로 밀어 둔 채
다음 차례를 날렵하게 호명하는 하루
납작한 집을 부풀리기 위해서는
괜찮지 않아도 태연한 가면이 필요했다

셔터 문이 내려진 깜깜한 내실에서
베인 자국에 다시 베인 상처가 도질 때마다
손등에 얼마나 많은 가윗날을 새겨야 하는지
그녀는 팽팽하게 부어오른 손가락을 매만지다가
노곤한 오늘을 반납하고 내일을 대여한다
꿈 없는 꿈을 꿈꾸며 잠 속으로 뛰어든다

휘파람새

온몸이 부풀어 금방이라도 터질 듯
저도 모르게 새어 나오는 휘파람 소리
그 여자네 집을 지나다
봄철 내내 몇 모금씩 흘려 놓고
여름철 오기 전에 빼꼼히 내민 그녀 얼굴
가슴에 불을 지피는 새 울음소리에
죽을 때까지 휘파람만 듣고 살 줄 알았다
그 남자 평생 휘파람을 불어 댔다
담장 밖 그녀들이 고개를 내밀 때마다
이 산에서 저 산으로 신이 나서 떠돌다가
이제는 허파도 헛헛해졌는지
바람 빠진 풍선처럼 줄무늬투성이다
그 남자 태생부터 내장된 바람 기운
늦가을이 와도 이파리 다 떨어진 나뭇가지 위에서
김빠진 바람을 흑흑, 아직도 불고 있다

이제서야

어느 날 무연히 바라본 둔덕에
무리 지은 네잎클로버
얼마나 많은 행운이 따라올까
기대감으로 두근거렸다

어린 시절 풀밭을 헤맸지만
한 번도 가져 본 적 없어
책갈피마다 욕망 덩어리 넣어 두고
한동안 까맣게 잊고 지냈다

행운은 그들만의 몫이고
세잎클로버만큼이나
평범하고 흔한 세상살이
언젠가는 휘황찬란한 행운이
다가오는 발자국 소리 들려주겠지

하지만 섣부른 희망은
점점 빛을 잃고
아무 일도 생기지 않았다

\>
롤러코스터처럼 마음 졸이며
지난한 구간 없이
이어지는 평지의 날들
지나고 나니 아무 일 없는 일이
네 잎 행운이었다

인생은 표지판이 없다

길을 따라 지나갈 때
다가오는 표지판에는
전방에 도사린 것들을 예고한다

안개 지역이 끼어 있거나
사고 다발 지역이 숨어 있다
미끄럼 구간이 경사져 있거나
상습 정체 구간이 붐비고 있다

길 안에 숨어 있는 수많은 표정
미리 읽을 수만 있다면
순조롭게 마음이 놓여날 수 있을까

인생의 고가도로 쌩쌩 달려가다
표지판 너머 숨은 복병을 만나
안개 속에 갇히거나 그대로 미끄러져
돌아오지 않는 사람이 있다

서리꽃

겨울나무 앙상한 가지마다
투명한 살얼음 옷을 입었다

창살에 줄줄이 매달린 고드름
햇살마저 쩍쩍 얼어붙는 이른 아침
쨍쨍한 한기가 흐른다

세상에는 뜨거운 말들이
입김을 타고 흘러나와
뿌옇게 흐려지기도 하지만
가슴을 파고드는 온기는 없다

들을수록 냉기가 끼쳐 오는 말
모든 게 네 탓이라
손가락은 밖을 향해 내뻗지만
삭풍 같은 말들은
점점 빙점을 더 낮출 뿐이다

그대들의 말, 말들이
얼음산을 쌓아 가는 극지로 변해
이제는 그 영토를 넓혀 사람들 가슴에
새하얀 서리꽃을 서리서리 피워 놓았다

빈말이라도

흐트러진 신발 사이를 비집고
황급하게 들어선 상가에서
마주친 검은 틀 속 그 얼굴

엊그제까지만 해도
밥 한번 먹자는 빈말이
유별나지 않았으리라

하룻밤을 사이에 두고
여기와 거기로 나뉜 거리
몇 광년이나 될까

붉은 기름 둥둥 떠다니는
식어 버린 육개장 몇 술 넘기다가
울컥울컥 올라오는 허무와 공허가
문상객의 가슴을 후빈다

생사의 문이 언제 열리고 닫히는지
누구도 알 수는 없지만
진작 알았더라면 빈말이라도
사랑한다, 사랑한다 밥 먹듯 해 줄걸

구름계란덮밥

검은 모자 검은 마스크를 쓰고 걸어가는
흐린 구름 그림자가 빼곡한 날이다
자드락비라도 성큼 내렸더라면
회색빛 하늘은 파랗게 질린 얼굴을 내밀었을 텐데
그늘 아래 눈빛은 챙 모자 선을 따라
표정을 없애고 무색무취한 눈빛을 주고받는다
무료한 날들이 앞뒤 없이 이어지는 밤과 낮
무엇에 기대는 것도 누구에게 기대하는 것도 없이
터벅거리는 거리에서 신호등은 저 홀로 불빛을 나눈다
끈 풀린 고양이는 어디로 갈까 결정을 미룬다
파리바게트에서 흘러나오는 빵 굽는 냄새에 이끌려
건너거나 멈추는 일 없이 무단횡단하는 뭉게구름
차도의 이면에 실핏줄로 뻗어 있는 낮은 골목이
계곡처럼 깊어질수록 밥때가 지나간 한낮은 절집처럼 음
소거다
고양이 꼬리가 주욱 늘어나고 걸음걸이 더뎌진다
그에 맞춰 가는 빈 낮의 농도는 한없이 묽어진다
날계란 두어 개 뭉근한 약불에서 서서히 익어 간다
뭉게구름 오른쪽을 헐어 내어 한 입 떠 넣는다

안개 상습 지역

사나흘, 온통 안개뿐이야
달이 지고 해가 뜨는지 해가 지고 달이 뜨는지
인터넷 세상에 머물다 나온 세상은 너무 몽롱해
사령선에 침투하려다 공격을 잘못해서
역대급 빌런으로 찍혀 바닥으로 추락한 밤
오버워치 오버워치
취준생 밤낮은 명도가 없다
깜깜하고 더 깜깜한 농도만 있을 뿐
두드려도 열리지 않는 문은 손잡이가 없지
힘차게 노크해도 쥐 죽은 듯 고요한 저 세계
나에게 좀 열어 주면 안 될까
해 떨어진 파시에서 어떻게 떨이라도 해 보고 싶은데
서른여섯 실낱같은 희망이 섣부른 절망이라고 말해 주면 안 될까
히키코모리 닉네임 떼어 내고 출퇴근 지하철을 견디면서
아내 잔소리 아이들 웃음소리 평범한 월급쟁이로 사는 것이
불가능이라고 낙인찍기엔 아직 시간이 이르다고 말해 줘
지금도 봄이라고 믿어 줘
겨울 지나 강물이 풀릴 때는 안개가 몰려오잖아
뿌연 안개 속이긴 하지만 머잖아 안개 밖에 서 있을 거니까
그러니까 재생 가능성이 살아 있다고 엄지 척 세워 주면 좋겠어

날을 세우다

사람이 다니는 길 쪽으로
쭉쭉 뻗은 나뭇가지가
함부로 꺾여 나갔다

여름 내내 꽃등처럼
길을 밝혔던 배롱나무
오가는 길에
눈 앞을 가린다고
앞길을 막는다고
꽃의 환호 지워 버렸다

꺾인 가지가 날을 세운다
잘 벼린 송곳처럼
나도 한번 찔러 볼까
허공을 찌른다

바람 사나운 겨울 강변
꺾여 나간 상처마다
하얗게 비틀려 가는
딱지 자국이 눈동자를 번뜩인다

결빙 구간

산을 끼고 도는 북쪽은 응달이었다
산그림자에 가려져 햇살 한 점 간절하지만
바닥은 늘 보이지 않는 블랙 아이스가 깔려 있다
길은 좁아서 한번 접어들면 되돌아 나갈 수 없어
모든 그림자는 강물 쪽으로 기운다
위태로운 바퀴는 자주 경계선을 넘었다
어미는 아이 하나에 희망의 심지를 돋워
떨리는 손으로 등불을 켰지만
바람 잘 날 없는 그 방에선 자주 불을 꺼뜨렸다
길 없는 길로 접어든 순간부터
운전대는 마음대로 움직이지 않았고
가끔은 급브레이크를 밟아야 하는 날에는
가늘어진 손목에 과부하가 걸려서 떨리기도 했다
한동안 밖으로 폭주하던 아이가
이제는 골방으로 들어가 성장통이 끝난
저를 잠가 두고 어미의 언어를 냉동고에 넣었다
어미는 열리지 않는 문 앞에서 시린 손을 비빈다

낙석

바위틈이 벌어질 때마다
그 사이로 해와 달이 비치고
비와 바람도 스몄을 것이다

가슴뼈 부근에서
우두둑 무엇이 무너지는
소리도 들렸을 것이다

허물어지기 시작한 몸에는
뿌리 같은 잔금들이
유리의 파문처럼 뻗치고
손을 놓아 버린 것들이
뭉클뭉클, 하혈했을 것이다

철망을 찢고 나온 사산아들
어머니가 아프다
지구가 아프다

늦가을 남천

찬바람 속에 볼 붉은 아이 서 있다

바람 불면 바람 부는 대로

눈이 오면 눈 오는 대로

하염없이 기다리는 부동자세

한번 뱉은 약속 지키기 위해

카페에서 기다린 열 시간 훌쩍 넘어설 때

들어오고 나가는 손님들 틈에서

따가운 눈총 받으며 홀로 붉어진 적이 있다

얼룩

귀하게 여기던 은행알이
도심의 천덕꾸러기가 되었다

여름날 그늘을 내어 주고
가을날 풍경을 내어 주던 음덕은
청소차의 매질로 멍이 들어 간다

매연 속에 완성된 열매조차
마구 밟혀 산산이 으깨어진 채
발밑에는 얼룩들이 번진다

할머니에게 한없이 귀하던 어머니
아버지의 그늘에 가려져
울음만 삼키던 세월은
자식들 외면으로 서러워지고

외롭고 쓸쓸한 밤에는 온몸이 가렵다
투욱 툭, 싹 틔우는 소리
검은 얼룩이 새끼를 친다
저승의 꽃밭이 평수를 늘리고 있다

절개지

처음부터 절벽은 없었으리라
먼 곳에서 몰려오는 먹구름 드센 바람이
산허리를 세차게 훑고 지날 때마다
산의 마음은 부서지기 시작했을 것이다

젖은 풀들이 쓸려 나가고 뿌리가 불거져
허공이라도 움켜쥘 수밖에 없을 것이다
밤새 나무들은 오금이 저려도
허물어지지 않으려고 어금니 사려 물었을 것이다

맨살을 드러낸 허리뼈 사이로
드나드는 시린 바람에
술을 팔다 술에 찌든 홍산댁

숙취에서 깨어난 아침이면
건넌방에 아무렇게나 널브러진 아들을 바라보다가
늙어서도 예쁘다는 말 듣고 싶은 그녀에게
서른도 안 되어 벌써부터 주정뱅이 된 아들
그녀 인생이 통째로 잘려 나간 심정이다

여자들의 수다

웃음 치료사가 말한다
잘하는 것 하나만 대어 보라고
처음엔 쑥스러워 쭈볏거리다가
그래도 자기 차례가 돌아오면
이거도 잘하고 저거도 제법 한다고
나잇살이 얼굴 두께와 비례한다는 말에
손으로 입을 가리는 예절은 사양한다
바느질과 뜨개질 십자수와 천아트
붓글씨와 아크릴화 캘리그래피와 목각 공예
솜씨 자랑이 테이블 위에 뷔페식으로 차려질 즈음
그녀는 잘하는 게 막막해서 순서를 뒤로 빼다가
요것조것 손을 대어 봤지만
초보자가 수박 줄무늬만 더듬어 봤을 뿐
붉은 속살을 만져 본 적 없었다고
그래도 가끔은 단물을 엿본 양
몇 가닥 어쭙잖은 말풍선을 띄워 보이면
부풀린 감탄과 박수 소리가 터진다
배가 고픈 것보다 배가 아픈 것을 못 견디는
여자들의 속셈을 서로가 잘 알고 있는 처지면서
오늘따라 유난히 몇 음 높은 웃음 칸타타
웃음 치료사 지휘봉이 허공을 휘저어 놓는다

대백제전, 야경을 걷다

비단강 야경 속으로 흘러드는
소리굽쇠가 천 년 너머로 파동을 보내면
사라진 웅진성 백성들이 강가로 모여든다네

공상성 나루터엔 청사초롱 걸리고
오래전 옷깃을 스쳤던 월하 정인
달빛을 밟으며 내려온다네

은모래 갈대숲 사잇길로 펼쳐진 야시장
밤 막걸리 두어 사발 비운 사내는
노을빛에 스미어 발그레한 홍조를 머금고
연분홍 치마폭에 가득 품은 강바람
풍등에 실려 연미산 자락을 넘어간다네

가을꽃 만발한 미르섬에는
밤 굽는 사내들 몸에선 유월 밤꽃이
가을밤에도 다시 핀 듯
우마차 타고 온 윗마을 여인들
알밤 터지는 웃음이 톡톡, 구워진다네

>
밤이 기울자 무대 위에는
늙은 전기수가 소쿠리에 몇 잎 떨어진
엽전을 주섬주섬 주워 올리며
이 밤 다 풀어내지 못한 전설을
목이 쉰 뿔 나팔로 다음을 기약한다네

상현달은 배가 불러 오는데
계룡산으로부터 흘러내리는 바람 몇 줄기
밤마실 나온 백사장 창백한 불빛이
하나둘씩 소등을 서두르면
강물은 침상에 누워 백제의 꿈속으로 흘러간다네

공평

가난한 비탈밭
구멍마다 서리태 콩
세 알씩 심는다

뜨거운 여름 지나
가을에 다 자라면
서로 다투지 아니하고

산까치도 먹고
고라니도 먹고
밭 임자도 먹는다

부레옥잠

아버지 따라 타지를 떠돌다
한잠을 자고나면
도회의 낯선 골목이거나
골짜기의 낯선 집이었다

그 고장 말씨가 아니라고
돌멩이 맞은 이마에 혹이 돋고
치마는 막대기에 함부로 들추어지고

여름날 옥수숫대처럼 키는 훌쩍 자랐지만
이가 빠진 하모니카처럼
그녀는 어떤 음계를 잡아야 할지 허둥댔다

차오프라야 강물에 떠다니는 부레옥잠처럼
착지하지 못한 그녀의 유년이
세상 어느 곳에 뿌리내리지 못하고
아직도 말더듬이 되어 우물거린다

봄 강

자드락비 한차례 지나간 후
강의 젖가슴이 불어나 있다
퉁퉁해진 젖줄이 수유를 하는 동안
풀들은 한 뼘씩 더 자라고
버드나무는 연둣빛 물기를 실어 나른다
어디선가 날아든 흰줄무늬나비는
물가에 저공의 자세로 나선을 그으며
무한의 봄을 그려 내고 있다
샛강에 동심원을 몰고 다니는
물오리들 사이에 튀어 오르는 송사리
봄날 빈 하늘에 팔분음표를 찍고 있다

제3부

꽃의 초대

꽃 보러 갈까
절집에 홍매 백매 다 피었다고
바람이 불거나 비가 내려서
때를 놓치면 한 해를 기다려야 한다고
수화기 속 목소리가 호들갑이다

꽃 소식은 야단법석인데

그때, 거기가 아니면
다시는 만날 수 없다는데

가장 아름다운 손님이 오실 때에는
만사를 제치고 버선발로 뛰쳐나가야
손이라도 만져 볼 수 있는
한순간 절정이라고

서랍의 증식

걸음마를 시작한 아이가
손잡이 달린 서랍을 모두 열어 본다
그 안에 무엇이 들어 있는지
한동안 잊고 있던 것들이 끌려 나온다

철 지난 사진이거나 용도가 폐기된 물건들이
기억 아래서 숨죽이고 있다가
고사리 같은 손에 들춰져
햇살 아래 숨김없이 드러난다

쟁여 놓은 사람도, 살림살이도
있어도 없어도 아무렇지 않은 지금
어떤 마음으로 모아 둔 사연인지
해마다 서랍은 늘어났던 것이다

잊힌다는 건, 묻힌다는 건
망설임의 표식마저 지우는 일
남겨 둬야 할 항목 앞에서
선택은 또 다른 서랍을 만들어 간다

환기, 블루

수많은 점들이 꿈틀, 꿈틀거린다
지상에서 영원으로
지구에서 우주로
파닥이며 날아오르는 날개들
목숨은 찰나적이지만
염원은 무궁으로
광활한 태양계를 벗어나
크나큰 우주적인 파동으로 뻗어 나간다
무한을 꿈꾼다
어릴 적 보았던 그 하늘 그 바다
가슴을 일렁이게 만들었던 파도의 파장
연한 하늘빛과 진한 바닷빛 사이에
어룽지던 수많은 빛의 스펙트럼
어머니의 그리운 시간으로 돌아가고 싶었던
가장 신성한 빛의 무수한 색채들이
그가 어느 곳에 머물든 무엇을 하든
고향 섬의 너울대는 그리움을 타고
작은 영혼이 영성을 향해
끝없이 출렁거리게 했으리라

공곳이 수선화

아흔두 살 사내가 가꿔 온 꽃밭을 보았다
거제섬 한 모퉁이 버려진 산자락을 붙들고
한 생을 목숨 건 흔적이다
이른 봄 돌계단 사이 빨간 동백 숲을 지나
해풍에 나부끼는 종려나무 이파리 사이로
등이 굽은 사내가 녹슨 모노레일에 위태롭게 걸쳐져 있다
그해 겨울은 유난히도 추웠다
귤나무 이백 그루 한파에 얼어 죽은 후
목구멍에 침이 안 넘어갔다고
이대로 죽어도 미련 따윈 남지 않을 거라고
무작정 곡기를 끊다가, 어찌 살까 몇 날을 시름하다가
가까스로 추스른 몸 이끌고 나간 장터에서
홀연히 만난 한 무더기 수선화
절망 끝에서 보았던 희망의 봄빛이었다고
무채색 겨울 안에서 샛노란 봄을 꺼내 보이는
가녀린 고것이 한 뿌리가 두 뿌리가 되고
네 뿌리가 여덟 뿌리가 되는
곱절의 희망 번식이 그늘진 구석을 채웠으리라
추운 겨울을 보낸 뒤에야 비로소 피어나는
꽃의 이력이 아흔둘 사내의 일생이었다

눈 발자국

도둑눈 내린 아침

첫 발자국 두렵다

발아래 생겨난 젖은 자국

그대로 따라붙는다

앞만 보고 걸어가다

돌아보니 발자국 정직하다

똑바른가, 휘었는가

스스로 찍은 낙인

뒤를 보니 환히 알겠다

산수유 그늘 아래에서

폭죽이다

노란 불꽃이다

꽃샘바람 시려도

나뭇가지 끝까지 팡팡

온통 오르가슴이다

앙다문 신음 소리 너무 크다

겨울잠을 털고 나온 꿀벌들

몰래몰래 엿보며 수근거린다

깃털

갈참나무 가지에 걸려 있는
이름 모를 새의 깃털
겨우내 눈에 밟힌다

누가 벗어 놓은 마음 조각일까
누가 떨어뜨린 미련일까

바람이 몰려온다
진눈깨비 허허롭게 공중을 휘젓고
깃털은 가벼이 흔들릴 뿐
붙든 나무는 견고하다

잊어야 할 그 여자가
떨어뜨린 깃털 때문에
자박자박 그의 꿈길 속으로
가끔은 그녀가 들어온다

고목에 핀 꽃

온통 검푸른 이끼다

해마다 세월을 겹겹 입은 외투가
무게를 더하고 감각을 무디게 하지만
때가 오면 필 때를 알아차린다

깊이 박힌 뿌리에서 밀어 올리는 본능
눈 감고도 봄을 알고 가을을 헤아리는
피고 질 때를 놓친 적이 없다

메마른 겨울바람에 살갗이 얼어 터지다가도
햇살의 기울기와 바람의 향방으로
새봄으로 갈아입는 잎새들이 촉촉하다

늘그막에 펴낸 첫 시집 번쩍 들고서
한껏 웃으며 찍힌 프로필 사진 속 필녀 씨
칠십 인생 돌아와 찾은 새봄이다

꽃샘바람

봄의 진군나팔 소리가 요란하다
꽃샘바람이 눈보라 앞세우며 휘몰아친다
일찍 내민 꽃봉오리 할퀴며 난동을 부린다
지붕 위 비닐이 날아가고 뜨락의 양동이가 엎어진다
봄이 왔다고 얼결에 피어난 하얀 목련
꽃샘추위에 따귀를 맞아 얼굴이 시꺼멓다
만지면 바스라질 것 같은 여자가 비 오는 날에도
선글라스를 쓴 채 불안을 안고 서성거린다
사랑이란 이름으로 오염된 폭언과 폭력
지난밤 이웃들 가슴 졸이던 난장판 파편들
다음 날 퇴근할 때 그 남자 아무 일 없었다는 듯
한 손엔 꽃다발, 다른 손엔 약봉지를 사 들고
자기야, 나 왔어. 꿀 떨어지는 목소리로
대문을 들어서던 남자를 오래오래 기억했다

노부

침상의 잠이 위태롭다
마감이 되어 가는 목숨이
가느다란 호흡기 줄에 매달려 있다
다섯 새끼 세상에 내놓고
여위어 가는 살갗엔
가을색 갈변 꽃들이 지천으로 피었다

아비의 호흡이 거칠어 가는 동안
새끼들은 가까이에서 혹은 멀리서
엉덩이를 뒤로 뺀 채
건성으로 안부를 묻곤 했다

한낮의 무료함, 깊은 밤 쓸쓸함은
되도록이면 굳게 입을 닫았다

숨 가쁜 아비 말을 잇거나 보태면
남은 생 대책 없이 기댈까
침묵하거나 말줄임표를 찍고
바쁜 척 돌아섰다

\>
살갑게 굴다간 손목이라도 잡힐까
잡힌 손에 와 닿는 악력만큼
혹시라도 남은 생 애착이 커질까
침상에 머뭇거리는 순간은 짧았다

첫째부터 막내까지 선명하던 이름도
언제부턴가 먼바다로 흘러가
밀물 때면 흐릿한 파도 소리 들썩거리다
썰물 때면 남김없이 지워지는 잠 속의 잠

오래 산 죄가 크구나

가슴에 켜켜이 퇴적된 말의 지층
적막한 밤이면 내뱉지 못한 말들이
아무도 듣지 않는 병실에서
가래 끓는 쇳소리가 웅얼거린다

밥상

막바지가 되어 가는 삶이
미동도 없이 엎드려 있다
여섯 아이 흘려 놓은 늙은 몸이
바람 빠진 풍선 같다

모처럼 모여든 자식들
표정 없이 굳어진 얼굴로
어머니를 뒤적여 보다가
바쁘다고 서둘러 떠난다

몽롱한 잠에서 깨어난 노모는
자식들에게 밥 한번 해 먹이겠다는
일념으로 일어서려 애를 쓰지만
자식들 이름 도통, 떠오르지 않는다

세월이 지나도 자식이란
삭여지지 않는 체기 같아서
가슴에 터억 걸리는 게 왜 그렇게 많은지
눈을 감아야 자식 걱정 끝나는 것인지

\>
끝내 차려 주지 못한 밥상
목구멍에 가시처럼 걸려
배설하지 못한 미련처럼
수액 줄을 타고 찔끔찔끔 떨어진다

역풍

강물을 거슬러 부는 바람에
하얗게 일어서는 물비늘
날을 세우며 칼춤을 춘다

끝까지 밀어붙인 바람 끝에는
더 이상 밀릴 수 없는
깎아지른 절벽이 있다

너의 말이 나의 말을 삼켜서
통통하게 오른 살들이 경배를 받고
맹종이 키운 발톱들이 불룩한 근육을 자랑한다

피가 묻은 할퀸 말들이
함부로 퍼트린 막장 드라마 말들이
절벽에 부딪혀 제자리로 돌아오고 있다

시절 인연

사람 사이에 이어진 끈도
탄력의 시간이 지나면
몇 올은 풀리기도
영영 끊어지기도 한다

밀착의 점도가 낮으면
곁에 머물다가도 어느 순간 떠나가고
손 내밀어 붙잡고 싶어도
종내 제 갈 길을 재촉하는 것이다

공평한 이별이 있을까
한쪽이 기울면 또 한쪽은 우위에서
매달리거나 뿌리치게 되고
기운 쪽의 상처는 오래 남는다

흐르지 않는 강물이 없듯이
사람도 사람에게 흘러간다
손가락 사이로 빠져나가는
그 시절 그 인연 다했다면
기억의 봉인은 그대로 묻어 두라

절망이 희망에게

한 평 남짓 창문도 없이
사방이 막힌 고시원에서
팔다리 뻗으면 벽에 닿는 곳
살아서 누워 보는 관 속이다

삶에 중상을 입어
황급히 찾아드는 어둠 속 둥지
긴급 신호 보낼 수도 없고
의사 간호사도 없는
일인용 응급실이다

가장 믿었던 친구에게 사기당해
모든 걸 잃은 대리 기사 김 씨
어둠의 심연은 몇 길이나 될까
버둥거려도 추락을 멈출 수 없는
어둠 아래 또 어둠이 고여 있는 바닥이다

심야 운전 중 등 뒤에서 내뱉는
취객의 야유와 고성에도
막내딸 환한 성적표에

입꼬리 바짝 위로 끌어올리며

살다 보면
좋은 일 생길 겁니다

오늘이 내일을 잡아먹을까
두려움에 지지 않으려고
거듭거듭 자신에게 거는 주술
웅얼거리는 목소리가 떨렸다

꽃잎 입술

백 세를 바라보는 어머니
우두커니 거울을 바라보다가
내 얼굴이 산송장 같네
내가 꼭 귀신을 닮아 가네

주름진 얼굴 감싸 쥐며
중얼거리는 풀 죽은 목소리
아버님 살아 계실 때에는
아침을 짓기 전 화장부터 하셨다

어머니 얼굴에 색채가 지워지고
무채색 시간이 길어질수록
무미건조한 마른 풀처럼
아기자기한 일상은 생략되었다

뼈마디 짓누르던 한기가 물러서자
무진장 쳐들어온 봄 햇살
소파에 힘없이 기댄 채
곤한 잠에 빠져든 어머니

\>
꽃분홍 루주를 발라 드린다
사는 것이 일장춘몽이라지만
봄 꿈을 다시 한번 꾸어 보시라고
창백한 입술에 봄 물들어 간다
오늘부터 꽃 피는 새봄이다

노인 보호 지역

태백산 줄기 타고 내려온 산골 마을에
박 씨가 몰고 오는 만물 트럭이
한 달에 두 번 천막을 열어 놓으면
이 골짜기 저 골짜기에서 모여드는 구경꾼들
아기 울음소리 그친 지 몇 해던가
젊은이는 다 떠나고 노인들만 옹기종기 모여서
도시에서 세상 소식 물고 오는
박 씨의 차 안이 궁금하다
마땅히 살 물건도 없으면서
외지 사람 쳐다보는 것이 마냥 좋다
혼자서 살다 보니 사람 구경 소중해서
박 씨 내외 말 한번 걸어 주는 것이 좋다
어쩌다 집에 들른 아들딸이 쥐여 준 용돈
몸뻬 바지 깊숙이 넣어 둔 꾸깃꾸깃한 지폐가
햇빛 쐬러 나오기도 하는 날이다
신사임당 초상화를 보기 좋게 펼쳐 놓고
오랜만에 소리 높여 흥정하는 것도 맛깔스럽다
시속 삼십 킬로 이하, 저속의 신작로를 따라
집으로 돌아가는 길에는 양손 가득 봉지 봉지 들려 있지만
그것이 꼭 필요했던 것인지 가물거린다

온종일 엎드려 있어도 지나가는 인적 없어
바람 소리만 채우는 빈 밥그릇 몰고 다니는
구산댁 멍구도 낡은 트럭 지나가는 소리를 알아보고
덩달아 괜히 한번 짖어 보는 날이다

폐문

아무리 봄바람이 부드러워도
빗장 걸린 문은 열리지 않는다

마음의 스위치가 꺼진 방
별도 달도 뜨지 않는다
그림자 겹겹 쌓인 동굴이다

뜨락의 계절은 제자리에 맴돌고
해와 달도 자전하지 않아
바람도 숨을 멈춘 곳

저 너머 지나가는 발소리
저 너머 들려오는 노랫가락
저 너머 번져 오는 노을 한 자락

세상은 그들의 영역

밤새 게임하다 잠든 조카 녀석
중천에 해가 떠도 한밤중이다

퇴소

누운 자리가 움푹하다
노인의 데칼코마니 몸 자국이
움푹 파인 음각으로 남았다

곡기가 끊어지고 물기가 증발하여
마침내 세상을 닫은 눈꺼풀은
다시 열리지 않았다

바닥에 주저앉은 딸들은
소리 내어 눈물 바람이지만
복도에서 서성거리는 아들은
초점 잃은 눈으로 창문 너머
어딘가를 바라볼 뿐 말이 없다

머리까지 씌워진 흰 천이 실려 가자
요양보호사는 서둘러 시트를 벗겨 내고
방 안 가득 알코올을 분무한다

벽면 한쪽에 내걸린 새하얀 칠판 위에
적어 놓은 환우님 이름 옆에는
사망이란 말 대신 퇴소라는 글자가
알고리즘으로 생성되고 있다

할미꽃

고개 숙인 할미꽃
아들이 내다 버린 여린 꽃을
빈 가슴에 품었다

방향을 알 수 없는 바람이
살갗에 조금만 스쳐도
여린 꽃은 바람개비처럼 휘돈다

바람의 냄새가 깊게 배어서
어디를 떠돌고 있는지
목을 빼고 기다리는 할미꽃
눈보라를 맞으며 빙판 위에 서 있다

문밖 어딘가에서 홀로 울면서
둥지를 찾지 않는 여린 꽃
바람 찬 거기서도 겉돌고 있을
동토에서 집까지 오는 거리
겨울에서 봄까지 너무 멀다

그늘의 힘

햇빛 한 점 들지 않는 곳

춘삼월 동백이 누렇다

어둠이 어둠을 밀어내고

그림자가 그림자를 밀쳐 내며

제 가슴팍 동맥을 그어 댄

핏빛 동백 한 송이

지나고 보면

일찍 세상을 등진 남편 때문에
강물은 한없이 굽어져
강의 하구에 닿기까지
많은 밤들이 위태로웠다

혼자 담긴 방이 흔들렸다
여자의 방으로 들어오려는 남정네들
방 안에 꽂아 놓은 숟가락은 자주 덜컹거렸고
잠에서 깨어난 밤은 살얼음이 끼곤 했다

두려움에 짓눌려 그만 생을 내려놓을까
무거운 농짝을 짊어지고 오르는 계단
무지갯빛 자개농이 안방을 차지하는
남들의 일상이 아득한 꿈만 같았던

이제는 저 홀로 늙어 가는 집
더는 문을 부술 듯 두드리거나
어느덧 잡아끄는 손들은 사라지고
지나고 보면 그때가 덜 외로웠다고
청양 아줌니, 혼잣말을 한숨처럼 내뱉곤 한다

제4부

이산의 상처

정월대보름 밤
달빛 아래 모여든 쥐불놀이
어둠을 휘휘 몰아내던 불덩이
과속의 회전에 불똥이 떨어졌다

이마에 떨어진 불똥
뜨거운 꽃잎으로 남았다
지우려 해도 지울 수 없는
꽃 도장이 낙인을 찍었다

헤어진 지 수십 년 흘렀어도
기억의 문이 벌컥 열린 것은
한눈에 너를 알아본 것은
바로 그 상처 때문이었다

이산의 슬픔은 그대로 박제되어
누렇게 시든 시간 속에서도
피붙이를 용케 알아보았다
단숨에 너를 와락 끌어안았다

이 나이에

다 늙어서
경로당 식구가 되었다

외로워서 머무는 집
밑으로 동생들이 들어오지 않아
몇 년째 막내살이다

점심때가 돌아오면
식사를 챙겨 줘야 하는
성씨 다른 언니 오빠들

연보랏빛 노을 등지고
집으로 돌아오는 길
등허리 뻑적지근 아프다

자식들 수발 받을 나이에
피 한 방울 섞이지 않은
식구들 찬거리 걱정에
밤잠을 설치는 밤

\>
어쩌자고 달은 밝아서
괜한 서러운 생각만 몰려오는지
마당에 선 모과나무
새벽까지 바스락거리는 소리

마음 뒤집기

왜
행복한 순간은 짧고
고통스러운 시간은 길까

어이없고 힘든 삶에서
세상살이 눈떠 가는 과정에는
풍파를 만나야 바다를 알아 가고
방황을 해 봐야 새로운 길을 찾아내듯
인생의 여정을 맛보는 것이다

풍랑이 높아질수록 바닷길은 지워지고
불면이 깊어질수록 세상으로 난 길은 험난해서
살아갈 이유와 의미를 곱씹어 보는 것이다

아무 일 없이
간절하지 않은 시간은
온전히 산 날이 아니다

왜, 왜 하필 나야
죽을 만큼 힘든 날

마음 한번 뒤집어
해탈하는 날이다

꾀꼬리를 찾아서

산은 자꾸만 꾀꼬리를 날린다

그가 열렸다 닫힌다

꾀꼴꾀꼴, 소리 간극 사이로

노스님 던져 준 화두 하나

네 안의 꾀꼬리를 찾았느냐

부동의 마음은 바위라 했는데

마음은 고장 난 신호음만 낼 뿐

오리무중 꾀꼬리 자취를 감추고

이명으로 뒤척인 새벽이 먼저 밝았다

꽃이 진 뒤에는

사랑하는 순간엔
그 사람만 보인다
한없이 좁아진 시야에
거인처럼 커 버린 오직 한 사람

그의 말에서 기온을 알아차리고
그의 몸짓에서 날씨를 읽는다
가끔은 냉탕과 온탕을 오가며
사랑의 온도에 민감해진다

그 사랑이 점점 가슴에서
비켜설 때가 오리라
잔 속에 가득 찼던 물 날아가듯

온몸을 다 던져라
꽃이 질 때는
천 길 바닥에서도
제 빛깔을 잃지 않는 동백처럼

창벽

창벽에 핀 진달래
아침 햇살에 눈부시다
여가수 노랫말이 봉긋해진다

진달래 피고 새가 울면은
두고두고 그리운 사람

푸른 낭떠러지 품을 수 없어
천 길 강물로 뛰어내릴 때
언제나 눈을 감고 있었다

두고두고 그리운 사람
고장 난 턴테이블처럼
나지막한 고개도 넘어가지 못한다

세상으로부터 멀어지는 것이
상처를 줄이는 것이라고
그리움도 한바탕 소란일 테니

밥상을 뒤집고

여자의 머리채를 낚아채던
이 땅의 사내들은 지나갔지만

눈에 보이지 않는다고
잊는 게 아니라
두고두고 그리운 사람
끊임없는 눈물로 조공을 받는다

질경이

불어오는 바람을 이기지 못해
펄럭거리며 날아간 사내
제발 그 여자와 함께 살게 해 달라고
무릎 꿇던 배반은 다시 돌아오지 않았다

위자료로 받은 핏덩이 끌어안고
치받는 모독을 오기로 도도해지기로 했다
보란 듯 고개 세워 화사하게 피어나
사철 내내 조화처럼 싱싱해지고 싶었다

핏덩이 아이는 자라나 벽이 뚫린 집 밖으로
훔친 오토바이를 타고 탈출했다
질풍 속으로 내달리는 말발굽 소리 흉내 내다가
몇 번이나 철창 속에 머물다 오곤 했다

어미인 게 죄업이라 희망에 악착을 부린다
밟혀도 뭉개지지 않는 질경이처럼
땅속으로 깊게 활착하는 뿌리이기를
공중으로 달아나는 아들을 움켜쥐곤 했다

피어라, 봄날

봄비가 지나간 자리마다
봄의 촉수가 공중을 탐색한다

눈이 닿는 산과 들에
도드라진 꽃숭어리
몽환적인 꽃 마음이 열리면
비로소 꽃길이 펼쳐진다

구름 한 점 없는 하늘
그늘 한 점 없는 들녘

너도 피어라
나도 피어라

구김살 없이 환해진 길
이리저리 둘러보아도 꽃 꽃 꽃
천지 사방 발걸음 꽃길에 머문다

1953년 거제도

아버지의 등허리엔 수많은 칼자국이 나 있었다
칠흑 같은 밤마다 친공과 반공 사이에 불었던 칼바람은
포용도 관용도 화해도 없는 극한의 대립만 격렬했다
섬의 낮은 평화로웠으나 밤은 야만적이었다
목숨 하나 따위는 하찮았다 그 섬에서 인간은 없었다
이념이 눈덩이처럼 불어나 압도적인 부피로 다가왔을 때
인간은 그 그림자에 가려져 보이지 않았다
내가 살기 위해서 너를 찔러야 했고
나의 실존을 위해서는 너를 쏘아야 했다
어둠을 갈아 살상의 쇠붙이가 날카롭게 벼려졌다
죽지 않기 위해서는 깨어 있는 밤이어야 했다
언제 어디서 누구의 칼이 훅, 들어올지 몰랐다
초비상 경계심을 장착하고도 찔리는 순간은 피할 수 없었다
이념이 신이었다 이념이 지상낙원이고 천국이었다
그러나 현실은 아비규환 지옥 그 자체였다

먼 훗날까지 따라온 포로수용소
무더운 여름날 우물물 길어 올려
아버지 등목을 해 드리던
어린 손에 만져졌던

등허리에 꽂혔던
서슬 푸른 칼자국들
그 섬이 뜨거워서 피해 다니던 그 아이
오늘에야 닿았다
이념이란 분화구, 여전히 뜨겁다

코로나 후유증

미치도록 꽃을 좋아하면
전생에 선녀였다고
꽃밭에 둘러싸여 등이 굽을 때까지
가슴에 오직 꽃만을 가꾸고 산 그녀가
코로나 백신으로 시름시름 앓더니

이제는 꽃을 보아도
예쁘지도 설레지도 않는다고
힘겨운 일 덩어리로 보인다고
만사 다 귀찮은 얼굴로 누워만 있다

새로운 품종 꽃이 나타날 때마다
천 리 길 마다하지 않고 달려갔다
꽃을 만날 생각에 기대로 부풀어
세월 가는 줄도 모르고 살았다

몸이 무너지고 난 뒤에야
아무리 희귀하고 비싼 꽃이라도
아무리 예쁘고 고운 꽃이라도
다 쓸데없는 욕심이었다는 것을

알아차리는 순간이 오더라고

이월 남녘으로부터 꽃 소식 북상하여
봄 산에서 뻐꾸기 소리 들려와도
그녀에겐 저세상 소식인 양
그저 아득, 아득하기만 하더라고

외면

엄마가 원한다면
간도 쓸개도 몽땅 빼 주었다
엄마를 위해서라면
인당수 물살이나 소신공양도
주저하지 않았다

그렇게 길들어져 살아온 세월
힘겨운지 모르다가
언제부턴가 사는 것이 무거운지
머리카락 뭉텅뭉텅 빠지고
순간순간 무릎이 꺾였다

털어놓고 싶은 사연 많았으나
들어 줄 사람 하나 없었다
저도 모르게 흐르는 눈물
모두가 잠든 밤
이불 속에 소리 없이 쏟아 놓고

대가 없는 희생과 공든 탑
허공 중에 지어진 모래성 같았다

남들처럼 그런 엄마 갖고 싶었다
언제나 내 편을 들어 주고
속앓이를 쏟아 내면
가만가만 어깨를 토닥여 주는

세상에는 종이 다른 어머니가 있는가 보다
그녀의 심중 얘기가 불편했는지
하소연을 단칼에 베어 내듯
누가 그렇게 살랬니?

치매를 가둔 어머니 요양 병원
그곳을 지날 때마다
눈을 감고 가속 페달을 밟는다
그녀는, 절대로 머뭇거리지 않는다

인생 인터뷰

작가는 할 말이 많았다

골짜기에 산 채로 묻힌 혈육
아버지 원혼을 그리워할수록
심중은 거칠어지고 굴곡이 많았다고
나이가 들었어도 말이 억셌다

영혼의 한복판을 내리찍는 말의 도끼질
독자의 영혼도 쩍쩍 갈라졌다
자신이 흘린 핏물을 닦을 생각이 없었다

책이 나올 때마다 평론가들 극찬에
작가의 저력이 어디서 나오는지 물었다

입가에 하얗게 말라붙은 침이
이 나라에 대한 증오와 원한이라고
이 민족에 대한 끝없는 분노라고

늦은 밤, 치사량 높은 글자들을 삼킬 수 없다
영혼을 깨부순다는 글의 도끼가 독기로 읽혔다

피 맺힌 페이지마다 혈흔처럼 찍힌 그의 일생
차마 두려워 당분간 붉은 끈으로 묶어 놓는다

가지치기

전기톱이 굉음을 낼 때마다
나뭇가지 비명도 없이 잘려 나간다

몸통 하나만 덩그러니
바람에 흔들리지 않는 겨울 한 그루

철 따라 날아들던 새들의 고요
무성한 잎을 내밀던 기억의 부재
봄이 묵언으로 견디고 있다

혼자 담긴 원룸에서
외로움과 고독 사이에 갇힌 비혼의 남자
말의 적막을 쓸쓸하게 쓰다듬고 있다

고비사막

몸속에 사막 하나 품고서 걸어가는 길
길은 모래 폭풍에 지워져 모래알만 씹히는 희부연 길
길잡이 카라반은 낙타 무리 버려두고 어디로 갔는지
쨍쨍한 햇빛 아래 길 잃은 낙타 한 마리
공손히 무릎 꿇고 죽은 듯 엎드려 있다
배고픔과 목마름이 파고들어 힘은 점점 빠지고
간유리 너머 보이는 풍경 속으로 헛것의 먹잇감이 보인다
저것이 지상에서 마지막 성찬인가
가시투성이 선인장을 한입에 털어 넣는다
입천장을 뚫고 나오는 피 맛이 그렇게 달 수가 없다
허기가 지나쳐 씹는 일을 멈출 수 없다
씹을수록 입안의 핏물은 흘러넘치고
갈증이 잠시 멈추었으므로 살 만하다는 생각이 든다
그것은 최후를 잠시 유예한 것일 뿐
종착역을 향해 가는 길은 이미 정해졌다
입안은 온통 상처투성이 피가 피를 끌어당긴다
아버지 수술비로 사채를 덥석 물었던 사내는
업자에게 살려 달라고 천 번 만 번 애걸했지만
온전히 제 살과 피를 바쳐야 하는 검은 제단
귀담아들어 줄 세상은 신기루 속에 떠다니는 오아시스일 뿐

찔레꽃 핀 언덕

연초록 잎새들이 움트는 절집 아래
겨울처럼 깡마른 노파
이른 아침부터 밤이 무르익을 때까지
손톱 밑이 까맣게 물들도록 깐 은행알
검정 비닐 속에 담아 왔다

봄날에도 스산해진 말년을 이끌고
뭉개진 은행알을 내 쪽으로 밀어 놓는다
어쩌다 옆에 앉은 죄로
떨이해 주는 것이 당연하다는 듯이

가는 길에 노인정에서 내려 달라
막무가내 동승을 고집해
사행천처럼 굽어진 마을 길
저속으로 지나는 동안
집 떠나서 잘나가는 자식들
고층 아파트 고액 연봉에 침이 마른다

그들이 얼마나 자주 다녀가는지
매달 용돈은 꼬박꼬박 보내오는지

안부 전화는 자주 하고 있는지
이 좋은 봄날 꽃구경은 다니시는지
늘어진 자랑에 궁금한 걸 물어보니

노파는 입을 꼬옥 다물고
자물쇠를 채운 입술은
두 번 다시 열리지 않았다

어디서 날아온 것인가
눈앞에 몇몇 흰나비 아른거린다
언덕을 오르는 그녀의 어깨 너머
한 무더기 찔레꽃이 아른거린다

과잉 시대

밥이 넘치고
옷이 넘치고
쓰레기가 넘친다

이념이 넘치고
정치가 넘치고
전쟁이 넘친다

채널이 넘치고
유튜브가 넘치고
가짜 뉴스가 넘친다

법이 넘치고
변호사가 넘치고
권력이 넘친다

프레임이 넘치고
이념이 넘치고
분열이 넘친다

말이 넘치고
글이 넘치고
시인이 넘친다

너무 많은 나, 나, 나
너무 많은 너, 너, 너
너무 많은 우리, 우리, 우리

넘치는 짐승들
넘치는 우리들

양심

처음부터 가시는 아니었다

솜털로 태어났지만

세파의 억센 바람

가시를 키우고

가면 몇 겹 쓰는 것

가끔은

제 가시에 찔려

흠칫 놀라곤 한다

솔직한 말

선생님, 왜 이렇게 늙으셨어요?
인생 요란하게 사셨나 봐요
오랜만에 만난 제자의 첫마디에
스승은 가슴이 무너진다
지아야, 말은 그렇게 하는 게 아니란다
상대방 기분도 헤아리면서 해야지
기왕이면 서로 듣기 좋은 말 하면 안 될까?
선생님, 기분 나쁘셨어요?
그럼, 너도 나이 먹어서 그런 인사 받으면
반가운 얼굴이겠니?
참 선생님두, 늘 솔직하라 하셨잖아요
저는 입술에 침 발라 가며 반드르르한 말 할 줄 몰라요
그래? 고맙구나, 스승이란 게 늙은 줄 모르고
주제 파악도 못 하고 산 거 깨닫게 해 줘서
젊은 척해서 미안해
그런데 말야, 왜 이렇게 내 속은 뒤집히는지 모르겠다

사어

손에 물기 마를 날 없이
쓸고 닦고 먹이고 입히는
엄마의 시간은 종료되었다

뒤돌아보니 억울해서
항시 품어 왔던 울분으로
육십을 넘어선 여자가
어느새 마흔 줄에 다다른 딸을
밥상머리에 앉혀 놓고

무자식이 상팔자니까
남자 붙잡고
애 낳으려 애쓰지 마라
해 놓은 거 없이 헛되이 늙은
엄마처럼 살지 말고
네 마음 끌리는 대로 살아라
네 인생만 생각해라

엄마는 아무래도 좋다
딸이 마음고생하지 않고

오래오래 곁에 두어서
곁가지 없이 홀쭉해진 가족

엄마, 어머니, 할머니
기대고 싶고 안기고 싶은
세상에서 가장 포근한 말이
점점 빛을 잃고 있다
죽어 가는 말이 되고 있다

해 설

가시-언어

방승호(문학평론가)

　생물체의 털이 딱딱하게 특수화되어 끝이 날카로운 것을 우리는 가시라 한다. 굵고 딱딱해진 동물의 털이나 꽃의 겉면에 바늘처럼 돋아난 부위가 사람들이 일반적으로 말하는 가시다. 가시는 보통 표면으로 돌출된 형상을 지니지만 그것을 자세히 들여다보면 가시마다 조금씩 그 모습을 달리한다. 가령 두릅나무 가시가 바늘 모양으로 껍질에 돋아난 것과 다르게 장미를 비롯한 덩굴식물은 갈고리 모양의 가시를 표면에 소유하고 있다. 이렇듯 가시는 그것을 품고 있는 존재에 따라 바깥을 향해 돋아난 모습이 조금씩 다르다. 어떠한 존재의 표면에 뾰족하게 변태했다고 해서 모두가 똑같은 가시는 아니다. 가시라고 해서 다

같은 가시를 이르지는 않는다.

가시가 생물체를 보호하기 위해 특수화된 것을 가리킨다면 사람에게는 이와 같은 것이 무엇이 있을까. 인간이라는 존재에게만 특수화되어 돋아나는 것. 가시처럼 존재의 안으로부터 바깥을 향해 나아가는 게 있다면 그것은 무엇일까. 그것은 아마도 서로의 삶을 지탱할뿐더러 시간의 응전과 삶의 모습을 표현하는 방식인 언어일 것이다. 그런데 여기서 우리가 주목할 것은 언어가 곧 가시와 같다는 테제가 아니다. 이보다는 가시처럼 바깥을 향한 모습을 달리하는 양식으로서 언어의 모습을 밝히는 게 더 중요하다. 임경숙이 선택한 것은 의미 체계가 온전하게 닫힌 것이 아니라 바깥을 향해 열려 있는 언어다. 그리고 그의 언어는 가시처럼 돋아나는 슬픔의 여러 형식을 직조하는 데 쓰인다. 한 가지 의미 전달 체계로서의 언어가 아니라 의미와 정서가 만나 차이를 일으키며 조금씩 유동하는, 그렇게 지난 상처와 아픔들을 하나씩 어루만지며 나아가는 언어. 그렇게 개별의 슬픔과 공모하는 언어가 만들어 내는 이미지의 향연이 임경숙 시가 지닌 힘이다.

바짝 날이 선 가시

이번 시집에서 가시는 삶의 지층에서 직면하는 여러 슬픔을 함의한다. "밤새 쑤셔 대는 뼈들"(「성에꽃」)에서 느껴지는 신체적 아픔부터 "베트남 여인, 예쁜이 린이"(「공심채」)에게서 비롯되는 디아스포라 여성의 근원적 고뇌까지, 임경숙이 말하는 슬픔은 그 유형과 층위가 다양하다. 이러한 면모는 시인이 직면해 온 아픔이 많다는 증거이면서도 그만큼 시인이 말하려는 슬픔의 모습들이 조금씩 다르다는 말이기도 하다. 임경숙 시인은 삶의 여러 흔적을 '슬픔'이라는 한 단어로 포괄하지 않기 위해 시를 쓴다. 존재마다 조금씩 다른 형태로 돋아나는 슬픔의 모습을 시인은 하나씩 펼쳐 보인다.

    서로의 목에다

    칼끝을 겨눈다

    찔러 버릴 거야

    찔러 봐

    헤어지는 장면에는

    바짝 날이 서 있다

                          —「이별 공식」 부분

바짝 날이 선 가시일수록 자신을 보호하기는 좋다. 그러나 여기에는 날이 선 만큼의 아픔이 전제해 있다. 충분히 소화되지 못한 상처에 시달린 흔적이 이 가시라면, 시달림은 가시가 바깥으로 돋아나게 하는 동력이다. 상처받은 만큼 우리는 무엇인가를 바깥으로 내보내야 한다. 오랜 시간을 같이한 사이에 "날을 세우며 칼춤을"(「역풍」) 추는 듯한 말의 향연이 이어지는 것도 이러한 이유 때문이다. 「이별 공식」은 날이 바짝 선 상태로 헤어지는 상황을 다룬다. 시인은 서로에게 "칼끝을 겨"누는 상황이 이별 공식이라고 말한다. 여기서 칼끝은 서로를 향한 원망의 눈초리일 수도 있고, 서로의 심장을 겨누는 저주의 말일 수도 있다. 외부로 돌출되어 있지 않더라도 충분히 날이 선 상태로 상대를 겨누고 있는 무언의 순간, 이 잠재적 상태의 헤어짐이야말로 상처로 돋아난 가시와 다름없음을 위시는 말하고 있다.

충분히 소화되지 못한 상처와 아픔에 관한 이야기는 더러 있다. 「가윗밥」에서 화자는 가윗날에 의해 축적된 상처를 응시한다. 조급한 까닭에 자기 살을 자르는 모습은 현대인을 억압하는 시간 질서의 폭력성을 암시한다. 화자는 "핏물은 잠시 일회용 반창고에 맡"겨야 하고 "통증은 뒤로 밀어" 두어야 한다. 화자에게는 자신의 상처를 충분히 소독할 만한 시간이 부족하다. 그저 "팽팽하게 부어오른 손가락을 매만지다가" 다시 "노곤한 오늘을 반납하고 내일을 대여"해야만 한다. 겹쳐진 상처만큼 다가올 미래의 아품이 화자를 마주하고 있을 뿐이다. 이처럼 시인은 아픔이 수반되며 반복되는 현실을 말한다. 상처가 겹겹이 쌓인 현실에서 내일을 호명할 수 있는 것은 역설적으로 날 선 가시에서 비롯된 고통이다. 날 선 가시의 비유가 향하는 곳에는 늘 슬픔이 잠재한다.

> 창살에 서리서리 맺힌 고드름이
> 물구나무선 겨울을 선보이고 있다
>
> 물푸레나무들 웃옷을 모두 벗어
> 앙상한 갈비뼈만 만져지는 한기
>
> 얼어붙은 샛강을 건너는 재두루미
> 가느다란 발목이 시리다
>
> 송곳 같은 맹추위에 폐휴지 리어카를 끌고 가는
> 강 노인 두 날개가 잔뜩 웅크리고 있다
> ―「겨울나기」 전문

위 시는 겨울 풍경을 그린다. 풍경 가운데에는 물구나무를 선 고드름이 있고 웃옷을 벗은 나무마다 한기가 느껴진다. 겨울을 상상하면 자연스럽게 떠오르는 모습이지만 시인은 보편적인 상상에 섬세함을 조금 덧붙인다. 고드름의 형상과 앙상한 갈비뼈의 이미지, 그리고 송곳의 날카로움이 연쇄되며 겨울의 한기는 극대화된다. 어떠한 이미지가 극대화될 때 '기표'와 '기의'의 대응 질서에는 균열이 생기기 마련이다. 이 경우 겨울은 가을과 봄 사이 계절을 이르는 사전적 의미에서 벗어난다. 겨울은 시련과 고통의 시간을 가리키면서 동시에 이를 겪고 있는 존재의 슬픔을 함의하는 계절이 된다. 이미지의 열림과 함께 겨울의 의미가 다시 새겨지고 은폐되었던 존재의 슬픔이 감각과 함께 부여된다.

임경숙은 꼭 날카로운 가시를 활용하지 않더라도 생의 과정에서 겪는 회한과 연민을 이미지를 활용하여 형상화한다. "강둑을 넘어선 물살이 사납다// 어디서 요령 소리 울리는지// 불어난 강물이 운구하는 나무 한 그루"(「물상여」)라는 시구처럼 시인은 흘러가는 시간에 의한 존재론적 죽음을 유동하는 물살과 함께 표현하는가 하면, "너덜경 돌길 위에/ 쇠 파이프 몇 개 박아 세우고/ 몸이 휘청거릴 때 붙잡을 수 있는/ 동아줄 같은 심정으로 줄을 잇는다"(「난간」)라는 말로, 삶과 죽음의 시간적 격차와 모순으로 파생되는 아픔을 감각적으로 구체화한다. 시간이라는 보편적 흐름 속에 지나쳤던 이러한 삶의 모습들은 시인의 언어를 거쳐 온전한 하나의 슬픔으로 돋아나는 셈이다.

안으로 파고드는 것

　가시는 남을 향하기도 하지만 때로 우리의 삶 깊은 곳에 박히기도 한다. '살에 박힌 나무 따위의 가늘고 뾰족한 거스러미'를 의미하는 가시의 비유도 삶의 흔적을 엿보게 하는 아픈 증거다. 반복되는 일상에서 죽은 채 살아가는 게 우리의 삶이라면, 그러한 삶 속에서 우리가 '살아 있음'을 느끼게 하는 것은 고통이다. 우리는 행복이 언제까지나 이어질 것이라고 믿으며 살 수 있는가? 아니다. 오히려 우리가 살(아 있을) 수 있는 것은 행복 사이에 고통이 가시처럼 비집고 들어오기 때문이다. 그 균열이 우리를 살게 하고, 아직 살아 있음을 온전히 느끼게 한다. 시인이 초점화하는 지점도 바로 이 부분이다. 시인은 "살 속에 무수히 박힌 가시"(「가시 많은 생」)가 비유하는 삶의 균열과 그 흔적을 주목하고 시간이란 이름으로 흘러가 버린 존재의 아픔을 감각의 층위로 다시 꺼내 보인다.

　　몽롱한 잠에서 깨어난 노모는
　　자식들에게 밥 한번 해 먹이겠다는
　　일념으로 일어서려 애를 쓰지만
　　자식들 이름 도통, 떠오르지 않는다

　　세월이 지나도 자식이란

삭여지지 않는 체기 같아서

가슴에 터억 걸리는 게 왜 그렇게 많은지

눈을 감아야 자식 걱정 끝나는 것인지

끝내 차려 주지 못한 밥상

목구멍에 가시처럼 걸려

배설하지 못한 미련처럼

수액 줄을 타고 찔끔찔끔 떨어진다

— 「밥상」 부분

 "왜/ 행복한 순간은 짧고/ 고통스러운 시간은 길까"(「마음 뒤집기」)라는 시인의 말처럼 고통은 행복을 잠시간 바깥으로 밀어내고 우리의 중심에 자리 잡고 군림하기를 선호한다. 이러한 까닭으로 그 불행의 파편들이 생의 지층에 박힌 채로 살아가는 존재들 또한 적지 않다. 이 중 늙은 어머니는 이번 시집에서 가시 박힌 삶을 대변하는 존재의 표상 중 하나다. 늘 고통과 함께하는 하나의 실체였지만 그 상처에 무뎌진 나머지 이제는 시간의 흐름에 의존하지 않아도 되어 버린 존재. 위 시는 노모를 "막바지가 되어 가는 삶"의 끝에 선 자의 형식으로 소환하여 "가시처럼 걸려/ 배설하지 못한" 슬픔과 미련을 재구성한다.

 위 시의 노모는 삶의 끝자락에서 자식들의 이름을 쉽게 기억하지 못한다. 자식을 끝까지 챙기겠다는 일념으로 다시 일어서려 하지만 생각처럼 되지 않는다. 노모는 계속 미련이 남는다. 자식은 끝내 삭이지 않는 체기 같을뿐더러 마지막까지 마음에 걸리게 하는 가시 같은 존재이기 때문이다. 주목되는 것은 이러한 자식 걱정이 노모가 살아 있음을 방증하면서도 "끝내 차려 주지 못한 밥상"의 비유로 마음의 걸림을 계속 일으킨다는 점이다. 이 걸림은 가시처럼 남아 노모에게 남은 시간을 유예한다는 점에서 양면성을 지닌다. 마지막 순간까지 생의 감각을 유지할 수 있는 것이 가시의 비유라면, 가시는 죽음에서 얼마 남지 않은 생의 순간으로서 삶을 더 부각하는 요소이다.

누운 자리가 움푹하다
노인의 데칼코마니 몸 자국이
움푹 파인 음각으로 남았다

곡기가 끊어지고 물기가 증발하여
마침내 세상을 닫은 눈꺼풀은
다시 열리지 않았다

바닥에 주저앉은 딸들은
소리 내어 눈물 바람이지만
복도에서 서성거리는 아들은
초점 잃은 눈으로 창문 너머

어딘가를 바라볼 뿐 말이 없다

—「퇴소」부분

  음각으로 남아 있는 시간의 흔적을 재생하는 시인의 시도는, 이미 지나가 죽은 관념을 다시 되살리는 행위와 다름없다. 가시로 비유되는 삶의 비극적 순간을 단지 있었던 것으로 전하려는 게 아니라, 그때의 시간과 존재를 아직 살아 있는 것이라 믿으며 그곳으로 다시 되돌아가려는 시도다. 이는 보편이라는 이름으로 모든 것을 말하려는 언어 권력을 해체하려는 행위이자 시간 질서에 균열을 내어 지나간 이를 다시 회억하려는 주체적 노력이기도 하다. "어둠이 어둠을 밀어내고// 그림자가 그림자를 밀쳐내며// 제 가슴팍 동맥을 그어 댄// 핏빛 동백 한 송이"(「그늘의 힘」)의 흔적을 재생시키는 일. 그렇게 보편이라는 베일 뒤에 가려진 개별적이고도 소중한 순간과 드물게 느껴지는 아픈 기억을 언어화하는 일이 임경숙 시가 시도하는 작업일 터이다.

  누운 자리가 움푹하다는 말은 노인이 실존했음을 알리는 단서다. 움푹하게 파인 음각으로 남은 부분은 노인이 지나온 시간의 흔적이면서도 이제는 그 흔적으로밖에 말할 수 없는 존재의 죽음을 암시한다. 다시 열리지 않는 눈꺼풀에서 전해지는 죽음의 형식 이면에는 도달하지 못하고 떠도는 수많은 단어가 존재한다. 사어. 정착하지 못하고 떠도는, 그렇게 전할 말이 많이 남았지만 모든 시도가 불발되며 "죽어 가는 말이 되(「사어」)"어 버린 그 자체. 사어는 말의 죽음과 그 말을 품어온 존재 자체의 죽음을 동시에 의미한다. 그 죽음의 순간을 지켜보면서 '사어됨'을 알아채는 곁에 있던 존재들은 눈물을 흘리고 "창문 너머"를 바라보거나 그들 또한 말이 없을 뿐이다.

임경숙은 타자의 죽음을 바라보며 간접적으로 경험했던 순간의 이미지를 언어화한다. 끊임없이 흐르는 시간의 질서와 보편이라는 이름 아래 사라진 존재들의 이미지를 시인은 재생하는 셈이다. 이러한 시도는 수많은 가시를 품고 소멸하는 존재와 그 존재를 둘러싼 모든 이들의 아픔과 상처를 공유하게 한다. 타자의 아픔을 타자의 것으로 타기하지 않고 공동의 것으로 사유하려는 시도. 날이 선 상태로 다른 곳을 겨누기도 하지만, 소외된 존재의 잠재적 슬픔이 있는 곳을 향하기도 하는 가시와 같은 것. 설령 이것이 조금씩 우리까지 거슬리게 만들지언정, 이것이야말로 무엇과도 대체할 수 없는 윤리적 힘이면서 서정이 질서에 대응할 수 있는 유일한 이유일 것이다.

가시 많은 생

시인의 언어는 애도받아야 하지만 미처 애도받지 못한 자들을 위한 말이며 보편이란 이름으로 시간과 함께 흘러갔던 타자의 흔적을 재생하는 말이다. 시인은 어머니의 슬

품을 나이 든 모든 여성이 감내해야 할 차원의 정동으로 간주하지 않고, 개별적인 생의 형식으로부터 비롯되는 하나의 슬픔으로 바라본다. 시인은 애도의 평등에서 벗어난 그 사각지대를 응시하며 보편적인 것으로 치부된 존재의 불평등을 조명하고 그곳에 잠재한 개별적 아픔을 어루만지고자 한다. 그곳이 시인의 언어가 이미지로 드러나는 지점이면서 그의 언어로 특수화된 슬픔이 비로소 가시가 되어 바깥으로 다시 돋아나는 부위다. 그렇다면 가시는 언제부터 존재했던 것인가. 가시는 대체 무엇인가.

    처음부터 가시는 아니었다

    솜털로 태어났지만

    세파의 억센 바람

    가시를 키우고

    가면 몇 겹 쓰는 것
                        —「양심」 전문

"처음부터 가시는 아니었다"라는 시구에서 드러나듯이, 이번 시집에서 가시는 생의 이전부터 주어진 것을 의미하지 않는다. 그보다는 "세파의 억센 바람"으로 비유되는 삶의 고통 속에서 특수화된 흔적을 지시하는 말에 더 가깝다. 원래는 작은 "솜털" 같은 것이었지만 세계의 질서에 의해 뾰족하게 변화된 것. 그러면서 삶의 지층 곳곳에서 박혀 우리를 신경 쓰이게 하는 것. 그것이 가시다. 아니 이것은 언어다. 누군가의 흔적이 그저 그런 흔적으로 폐기되지 않도록 뾰족하게 튀어나온 것, 그리고 삶의 모든 순간마다 우리에게 박히고 상처 내고 피 흘리게 하면서도 그러한 피 흘림이 역설적으로 우리의 현존을 증명하는 것은 언어다. 우리를 살(아 있)게 하는 언어다.

    도마 위에 준치 몇 마리
    어머니 칼질 소리가 칼칼하다

    검푸른 살 속에 무수히 박힌 가시가
    납작하게 혼절해 가는 동안
    살이 많은 물고기도 많은데
    하필이면 가시투성이를 골랐을까

    물속을 헤엄쳐 다닐 때
    찔려도 찔린 줄 몰랐던 가시들
    썩어도 준치는 찬란한 맛이었다

잔가시마저 촘촘히 다져진
말캉말캉한 준치완자탕
목에 걸리는 게 없이 부드럽다

뜨거운 완자 몇 알 삼키다가
맛있는 생이 되기 위해서는
얼마나 많은 가시가 박혀야 할까

내가 삼킨 가시는 몇 줌이나 될까
—「가시 많은 생」 전문

   가시 많은 생은 자신이 찔린 만큼의 가시를 소유하고 있는 생을 이른다. 검푸른 살 속에 무수히 박힌 가시는 준치의 내부에 그어진 삶의 흔적을 대변한다. 가시투성이의 삶은 고되었겠지만 그만큼 삶의 가치는 더 찬란하게 느껴질 수 있음을 시인은 말한다. 목에 걸림이 없어질 정도로 부드러워진 완자는 가시 많은 존재일수록 더 맛있는 생의 형식이 될 수 있음을 보여 주는 비유다. 임경숙 시의 차별성은 여기에 있다. 임경숙은 언어의 의미를 고정된 것으로 한정하지 않고 무한한 가능성을 부여하여 의미의 역설을 일으킨다. 그의 언어는 이미지의 연쇄와 함께 끊임없이 이어지고 변모하는가 하면, 상처의 보편을 부정하는 방식으로 개별적 삶의 가치를 부여하고 삶의 긍정을 추구해 나간다. 시각과 촉각을 거쳐 미각으로 전이되는 가시의 이미지들은, 하나의 형식으로 고정되는 것을 거부하는 시인의 사유가 내재한 차이의 형식이다. 이러한 언어의 향연에서 우리는 삶 곳곳에 무수히 박힌 시인의 연민과 사랑을 새삼 확인할 수 있을 것이다.